Jörg Berendsen / Marvin Chlada / Karsten Schley

Sex über 40

ISBN 3-8231-1321-6

3. überarbeitete Auflage
© 2002, Tomus-Verlag GmbH, München

www.tomus.de

Inhalt

Das Mittelalter oder Kein Alter nicht!

Der Schwabe, heißt es, wird mit 40 „gscheid". In diesem Sinne steckt in jedem Menschen, egal ob Männlein oder Weiblein, ein Schwabe. Sicher haben Sie es bereits bemerkt: Mit 40 fangen die Dinge an, sich zu wiederholen. Das liegt in der Natur der Sache, das ist das Schicksal des Menschen ab 40. Es ist wie im Brecht'schen Theater: die Welt steckt voller Details, die Ihnen erst jetzt auffallen; voller Hindernisse, die früher keine waren, kurz: die Jugend agiert, das Mittelalter beobachtet.

Kinder und Pubertierende freilich, reißen Witze oder zeigen auf offener Straße mit dem Finger auf Sie: „Fröhlich, Ficken, Vierzigsein – Visionen aus dem Altersheim", hört man sie rufen, ganz so, als ob ihre Zukunft eine andere wäre.

Dabei ist das Leben ab 40 gar nicht so schlimm – wenigstens nicht so arg. Noch hat der Bierbauch nicht die vollendete Form erreicht, noch hat die Schwerkraft nicht ganz über den Busen gesiegt. Die Wahrheit über Hängebauch und -titte, liegt wie üblich in der Mitte, d. h. vom „Begatten" ist immerhin der „Gatte" geblieben.

Stehen Sie dazu, Mitglied der Viagra-Generation zu sein, berufen Sie sich auf Reife, fast Erreichtes oder darauf, das Feuer erfunden zu haben. Bis zur Rente nämlich, sind es noch ein paar Jährchen. Verzichten Sie also auf Zukunftspläne, leben Sie jetzt! Sollte sich die Altersteilzeit ab 45 durchsetzen, besteht für Sie die Möglichkeit, in den Genuss von Freiheiten zu kommen, von denen die Jugend nicht einmal zu träumen wagt. Aber träumen Sie nicht allzu viel. Noch ist es nicht so weit. Noch müssen Sie den Urlaub buchen, regelmäßig zum Zahnarzt und zur Krebsvorsorgeuntersuchung gehen, Ihren Partner halbwegs befriedigen, Mama und Papa an Weihnachten besuchen und mit freundlicher Miene bei der Arbeit erscheinen. Jenseits dieser auferlegten Qualen aber, eröffnet sich Ihnen ein Universum von tausend Abenteuern, schöne, peinliche, kostspielige, romantische und langweilige. Das Reich der (sexuellen) Freiheit, so scheint es, wurde einzig und allein für den Menschen ab 40 erdacht.

Nicht ohne Grund entwarf der französische Schriftsteller Honoré de Ballsack in seinem Roman „Die Frau mit vierzig Jahren" das Bild eines begehrenswerten, attraktiven, intelligenten Weibes. Das ist doch nur Literatur? Stimmt! Wir wollen nicht übertreiben. Dennoch gilt: Bestimmte Eigenschaften, bestimmte Qualitäten hat kein anderes Alter zu bieten. Zum Beispiel mutmaßliche Weisheit oder ein stoisches Bewusstsein. Sie lernen Ihren Körper von einer ganz neuen, ganz anderen Seite kennen, sind bereit für Experimente, bereit, neue Ferkeleien auszuprobieren oder das Wohnzimmer „mal ganz anders" einzurichten. Bei Männern freilich dauert alles ein wenig länger – aber auch sie erblühen in neuem Licht, irgendwann.

Merke: *Das Sexualleben ab 40 ist nicht unbedingt schöner geworden – dafür ruhiger. Das gilt für alle Aktivitäten. Und das ist gut so. Denken Sie immer daran: Auch 40jährige haben ein Recht auf (stressfreies) Leben! Lassen Sie das Ihre Umwelt spüren, bleiben Sie gelassen!*

Metamorphosen I: Der Körper der Eva

Glauben wir Arthur Schopenhauer, dann ist die oberste, unsere Wahl und Neigung leitende Rücksicht das Alter. Und dass der Körper nicht nur ein Produkt der Pflege ist, das haben Sie bereits ab 30 erfahren. Ist aber völlig Schnuppe. Grundsätzlich nämlich gilt eine andere Weisheit Schopenhauers: „Das niedrig gewachsene, schmalschultrige, breithüftige und kurzbeinige Geschlecht das schöne nennen, konnte nur der vom Geschlechtstrieb umnebelte männliche Intellekt: in diesem Triebe nämlich steckt seine ganze Schönheit."

Machen Sie sich also keine all zu große Gedanken über Ihren körperlichen Zustand: Einzig der Busen und mit diesem die Schenkel, der Allerwerteste und die Halsmuskulatur beginnen sich ein wenig zu verformen. Mediziner nennen das den Übergang zur Birnenform (beim Mann: Apfelform). Quasi ist alles in Butter. Darum sollten Sie sich um diese Körperstellen kümmern.

1. Der Busen
Das hervorragendste körperliche Merkmal sind ihre Brüste, die sich ab 40 der Schwerkraft beugen. Aber keine Sorge! Der Busen lässt sich am einfachsten manipulieren bzw. in Beugehaft nehmen. Tragen Sie weite Kleider bzw. Gewänder. Vermeiden Sie großzügige Ausschnitte. Das schützt vor Spannern und macht sie zudem interessanter. Jeden Morgen ein Kopfstand, hält das Bindegewebe noch ein paar Jährchen in Form. Der Rest besorgt der BH.

2. Der Allerwerteste

Was soll's? Ab 40 brauchen Sie Sitzfleisch. Außerdem stehen Männer auf wohlgeformte Hinterbacken. Was Ihnen als Mangel erscheint, steigert Ihre Attraktivität. Und sollten Sie selbst sich an Schwangerschaftsstreifen oder Orangenhau stören, lassen Sie sich an diesen Stellen einfach tätowieren.

3. Die Schenkel

Machen Sie es wie Jane Fonda, aber übertreiben Sie nicht. Ein wenig Bewegung ist gut, zuviel aber schadet dem Kreislauf. Verzichten Sie auf den Minirock! Schöne bunte weite Hosen verleihen Ihnen gleichfalls ein jugendliches Image.

4. Die Halsmuskulutur

Wenn Sie kein Halstruch tragen möchten, lassen Sie sich zum Geburtstag von Ihrem Mann eine schwere, hochkarätige Diamant besetzte Goldkette schenken. Das stärkt die Halsmuskulatur und erhöht Ihren Beliebtheitsgrad im Bekanntenkreis.

Denken Sie immer daran: Ob Sie aussehen wie Marylin Monroe oder Roseanne – Männer sind grundsätzlich leicht rumzukriegen. Das hat mir Ihrem Aussehen nichts zu tun – alles Propaganda! Was zählt, ist vielmehr die Kunst des Verführens. Das heißt, jenseits des Bodys ist vor allem ihre Stimme gefragt. Warum wohl boomt die Telefonsex-Branche? Weil die männlichen Hormone durch Akustik in Schwingung geraten! Sprechen Sie also ein wenig tiefer und benutzen Sie „versaute" Wörter. So sparen Sie das Geld fürs Fitness-Studio.

Merke: *Es besteht kein Grund, mit der Körperpflege zu übertreiben. Kleopatra, der ihre Schönheit bekanntlich über alles ging, badete sogar in Eselsmilch, um ihre Form zu bewahren. Die 40 aber hat sie nicht erreicht. Also: Egal wie Sie aussehen, es kommt nur auf Ihren Einfallsreichtum an. Es genügt zu wissen, dass Sie eine intelligente Frau sind.*

DER LETZTE VERSUCH...

Metamorphosen II: Der Körper des Adam

Die „Verwandlung" (Kafka) des Mannes beginnt im Kopf. Gleich nach seiner Geburt, beginnen die Gehirnzellen des Mannes zu schwinden. Später, bei gelegentlicher Verhärtung seines Schrubbelpeters, wird dem männlichen Gehirn zwecks Aufrechterhaltung des primären Lebenserhaltungsbolzens, auch noch das Blut aus dem Schädel gezogen, der Kopf quasi trocken gelegt. Das Blut wird in das zweite Gehirn umgeleitet – eine spannende Sache.

Gucken Sie beim nächsten Geschlechtsakt einmal in das Gesicht Ihres Mannes! Der blutleere Blick! Bleich wie Dracula! Kein Blut im Koppe! Wo ist es hin? Alles zwischen Ihren Beinen?

Ja, jeder Tropfen wird benötigt. Männer müssen darum nach dem Sex sofort schlafen. So will es die Natur. Und das hat Folgen.

Die Tücken des Körpers gleichen einem Spion. Alle Veränderungen passieren heimlich – kurz: Ihr Körper hat Sie verraten. Sie entlarven den Spion, wenn folgende Symptome sichtbar auftreten:

1. Aus Bauch wird Hängebauch. Das heißt, Sie können Ihr Geschlechtsteil nur noch unter Zuhilfenahme eines Spiegels betrachten.

2. Glatzenbildung. Sehr schlimm. Der Marktwert des Mannes hängt nicht nur vom Geldbeutel ab. Bekanntlich rät der Volks- dem Muttermund: Wo der Verstand schwindet, weichen auch die Haare. Und wer will schon 'nen dummen Mann?

Glatzenbildung bringt auch unangenehme Begleiterscheinungen mit sich. Denn tatsächlich werden die Haare nicht weniger, sondern

KURZ NACH SEINEM 40. GEBURTSTAG WAR ULF DIESER SELTSAME
VOGEL ZUGEFLOGEN...

wachsen einfach an unautorisierten Stellen. Sie sprießen geradezu volle Lotte in und an Gegenden, die der Mann vorher gar nicht kannte. Der Rücken zum Beispiel, entwickelt sich zum Paradies ungewollter Haarespracht. Aus der Nase, wächst ein Wald. Weshalb der Mann oft zu näseln beginnt.

3. Babyspeck kommt wieder.

4. Formloser Hängehintern bildet sich. Achtung: Das kann zur After-Dinner-Party werden! Pickel sind die Folge. Oder zwickende Darminfektionen.

Was können Sie gegen diese Mutation unternehmen? Gibt es überhaupt Hilfe? Ja! Beginnen wir bei Punkt 4, dem formlosen Hängehintern. Tragen Sie lange ausgebeulte Jogginghosen, da ist viel Platz drin. Vermeiden Sie Bewegung! Bleiben Sie sitzen. Am besten in einem Fernsehsessel. Das Bier kann die Frau besorgen. Chips auch.

Den Babyspeck (Punkt 3) können Sie beispielsweise durch einen Vollbart kaschieren. Da sowieso überall Haare wachsen (Punkt 2), müssen Sie sich um andere Stellen keine allzu große Sorgen machen. Sollten Ihnen die Haare auf dem Rücken dennoch peinlich sein – dass sollte es aber nicht, sonnen Sie sich ruhig auf dem Balkon – dann ziehen Sie sich eine Joggingjacke über oder lassen Sie das T-Shirt über den Bund schlabbern.

Das ist gut gegen den Hängebauch (Punkt 1). Wenn Sie beim Müll Raustragen – was Sie vermeiden sollten (siehe oben) – anstelle der Gesundheitsschlappen Joggingschuhe überstreifen, dann simulieren

Sie nicht nur eine modische und sportliche Erscheinung, nein, Sie haben damit auch noch die Löcher in den Socken verborgen.

Merke: *Kaschieren Sie Ihre ästhetischen Mängel darüber hinaus durch kluge Rede. Auch Sokrates, der Philosoph mit dem Bart, soll's so gemacht haben.*

Talkshows, Tratsch und Tupperpartys – Frauenfreuden ab 40

Ab 40 ändern sich nicht nur die Gewohnheiten, sondern auch die Vergnügungen. Besonders bei Frauen. Aus Partys werden Tupperpartys und aus Gespräch wird Tratsch. Das ist biologisch bedingt. Es sind, sagen wir es ganz offen, ehrlich und frei heraus, die Hormone. Genauer: die weiblichen Hormone. „Was", werden Sie sich fragen, „treibt meine Frau auf Tupperpartys?" Ganz einfach: Sie quakt stundenlang sinnlos im Rudel vor sich hin. Aber was sagt sie? Die folgende Dokumentation, gibt ein typisches Gespräch einer 45jährigen Frau mit gleichgesinnten Geschlechtsgenossinnen auf einer Tupperparty wieder:

„Du, Ute! Waren die Stadtwerke auch schon bei euch? Uuuteee! Hör mal zu! Waren die Stadtwerke auch schon bei euch?

Du weißt ja, einmal im Jahr, die Hauptlese, wenn so ein knackiger Student zweimal klingelt, um die Strom- und Wasserstände abzulesen. Also mir kommen schon so komische Gedanken, wenn der so vor mir den Keller runtergeht.

Wenn der Michael wüsste … Aber der ist ja auf der Arbeit. Ja, die Kerlchen haben noch so 'nen richtigen Knackarsch. Sind ja alle noch 15 oder mehr Jahre jünger. Wenn ich an ihm vorbei muss, um das Licht anzumachen, streift meine Hand ganz unschuldig seinen Po. Besonders die Sportstudenten haben einen wunderschönen, knackigen Hintern. Also, wenn ich so 'nen Knackarsch streife, dann schießen mir ja Gedanken durch den Kopf!

Willst du nicht wissen, was mir da durch den Kopf schießt? So ein flotter Quicky auf dem Wäschetrockner, oder mal kurz an die Wäscheleine gebunden – dem leckeren Bürschchen würde ich es schon besorgen. Sag mal Ute, hörst du mir eigentlich zu? Mit dem Micha könnt ich mir das im Traum nicht vorstellen, der würde ja schon nach der ersten Runde das Handtuch in den Trockner werfen. Oder würde erst gar nicht auf die Idee kommen, mit mir in den Keller zu gehen. Der sitzt nur noch mit seinem Jogginganzug vorm Fernseher und bringt höchstens mal den Müll raus. Aber dafür zieht er sich immer Joggingschuhe an. Findest du das nicht auch merkwürdig?"

Keine Bange, der liebevolle Sexismus der Frau ab 40 gefährdet weder die Ehe noch die Gesundheit. Im Gegenteil: Ihre Frau tankt auf, kommt mit neuen Ideen und Erfahrungen nach Hause. Nur unter ihresgleichen findet sie Zustimmung und Verständnis, kurz: ein offenes Ohr. Hier gibt sie sich authentisch, frei und offen. Weder Heim, Betrieb noch Büro bieten solche Freiheiten. Halten Sie sich also raus!

Merke: Die Frau ab 40 braucht das Gespräch wie die Fische das Wasser. Geben Sie sich freundlich: Fahren Sie Ihre Frau zu den Frauen-Treffen und holen Sie sie wieder ab. Dann kann sie ohne schlechtes Gewissen etwas trinken. Lassen Sie sich von ihren Geschichten inspirieren. Auch wenn sie Ihnen nicht alles erzählt. Schließlich geht Sie auch nicht alles etwas an, oder?

KARL-HANS (42) WURDE NACH DIESEM ZWISCHENFALL GEFEUERT,
UND DER JUNGE ADAM BEKAM DEN JOB.

Mein Auto gehört mir! – Männerfreuden ab 40

Mitten im Leben und keinen Spaß dabei? Wer 40jährige Männer bei ihrem Tun und Lassen beobachtet, könnte diesen Eindruck haben. Aber nix da! Die Freuden 40jähriger Männer sind in der Regel gut getarnt, werden oft verheimlicht und liebevoll gepflegt.

Die Spielzeugeisenbahn zum Beispiel. Oder die Pornosammlung mit fantasievollen Titeln. Männer finden Gefallen an ganz profanen Dingen. Was dem einen die Gummifrau, ist dem anderen der Titanic-Bausatz.

Eine Freude aber, wird von allen Männern ab 40 geteilt: Die Liebe zum Automobil. Nur hier haben Männer Gewalt über den Knüppel, nur hier ist der Mann wirklich einmal Herr über ein schwer zu bändigendes Luder.

Machen Sie sich also keine Sorgen, wenn Ihr Mann sich seit einiger Zeit mehr mit dem Wagen als mit Ihnen beschäftigt. Das Auto ist ihm eine Therapie. Weg vom Alltag, weg vom Stress. Er kann den Wagen waschen, streicheln und stundenlang angucken. Das könnte er Sie selbstverständlich auch.

Das Auto aber ist a) jünger und b) redet es nicht so viel. Außerdem hat Blech auf vier Rädern selten Migräne.

Gönnen Sie dem armen Kerl also den Spaß. Hier entfaltet er Fantasie und Kreativität, hier kann er mal richtig abschalten. Sich richtig gehen lassen.

Überlassen Sie ihm also das öde Fahrzeug. Irgendwann werden Sie nämlich davon profitieren. Sie haben doch ohnehin Wichtigeres zu tun, als sich um kindische Männerhobbys zu kümmern. Oder etwa nicht? Na also.

Merke: *Der Mann ab 40 braucht die Sublimierung wie Herr Rossi das Glück. Dafür bietet sich das Auto mit seinen geschmeidigen Formen geradezu an. Wenn Sie ihm zusätzlich eine Freude bereiten wollen, dann bringen Sie ihm doch das Bier zur Abwechslung einmal in die Garage.*

Sex ab 40 ... Wo gibt's denn so was?

Mal ehrlich – was sollen Ihre Kinder von Ihnen denken, wenn Sie in Ihrem Alter noch immer hemmungslos dem Koitus frönen?

Schämen Sie sich! Wer's mit 40 noch treibt – von den nicht gelebten Fantasien ganz zu schweigen! – der schreckt in zwanzig Jahren auch nicht vor zentnerschwerem Rentnersex zurück. Wo soll das alles enden?

Merke: *Schicken Sie die Kinder während der Brunftzeit zu Oma und Opa! Outen Sie sich nicht vor der Kamera! Medienwirkungsforscher warnen vor Nachahmungstätern! Oder glauben Sie noch immer, allein das Medium sei die Botschaft?*

Frauen und ihre Lover

Männer, aufgepasst! Es soll ja Frauen geben, die bis zu ihrem 40sten Geburtstag noch nie einen herzhaften Orgasmus erleben durften. Schuld daran ist die ungeübte Männerwelt. Als Frau noch richtig verliebt war, wurde das Thema noch leichtfüßig beiseite gekickt. Aber nur noch Fußball? Na, Sie werden schon sehen ...!

Da muss erst so ein Latin-Lover kommen, um es ihr richtig zu besorgen. Gut, Sie werden jetzt sagen: „Bei mir hat noch jede gekriegt, was sie braucht!"

Pustekuchen! Man(n) sollte nicht die schauspielerischen Fähigkeiten des improvisationsgeprüften Opfers herausfordern, die sich mit den Jahren harmonischem Beisammenseins verselbständigt haben könnten. Es läuft darauf hinaus, dass nicht nur Sie, sondern auch Ihr Partner von der Vorstellung so überzeugt ist, dass sie beide die glücklichsten Menschen auf Erden sind, wenn nicht dieser braungebrannte, athletisch geformte Astralkörper in Antonio-Banderas-Manier mal eben Ihre holde Maid vernascht, ihr den ersten sagenumwobenen multiplen Abgang verschafft, während der ahnungslose Herr immer noch an seiner Chromstoßstange poliert, wie er es jeden Samstag zu pflegen vermag.

Sollte Ihre Frau im Bett eines Tages Forderungen erheben, besseren oder anderen Sex verlangen, ist dass ein Indiz dafür, dass sie das Abenteuer Orgasmus überstanden hat. Mit wem? Was ist passiert?

Werfen wir darum kurz einen Blick auf den sexuellen Werdegang einer durchschnittlichen Frau: Sie wird geboren. Geht in den Kindergarten, dann zur Schule. Ein bisschen Petting in der Jugend. Manchmal vögelt sie in dieser Zeit wie wild durch die Gegend. Sie verliebt sich, wird schwanger, heiratet. Doch dann passiert es: Allein zu Hause, erinnert Sie sich an die Aufklärungsseiten der Bravo. Jetzt wird es bedenklich! Gibt es ein Leben in der Ehe? Sie denkt nach. Sie erinnert sich an frühere Bekanntschaften. Das erste Mal, die One-Night-Stands, die feuchten Träume (ja, auch Frauen haben die).

Und dann, eines Tages, einfach so, steht er vor ihr: der Latin-Lover, die Sex-Maschine, 35 Jahre, ein Prachtkerl, ein kleiner Gott! Kurz: Das ist ihr Hengst, der Mann ihrer Träume, das Arschloch, von dem Sie hofften, dass es niemals kommen würde. Aber es kommt. Und nicht nur ihm! Die Lustschreie Ihrer Frau sind selbst den Nachbarn peinlich, weshalb Hotels oft von 40jährigen Frauen überbelegt sind. So Leid es uns tut, aber von nun an, müssen Sie Ihre Frau wirklich befriedigen.

Merke: *Üben Sie, wann immer Sie die Möglichkeit dazu haben! Übung macht den Meister.*

Hoch soll „er" leben!

Der Mann und sein Lümmel – eine neverending Story. Um die Tragik des männlichen Geschlechts in ihrer gesamten Reichweite einigermaßen begreifen zu können, ist es nötig, an dieser Stelle einen der größten Männer der Weltgeschichte zu befragen: Leonardo da Vinci. Das Universalgenie der Renaissance nämlich, war nicht nur ein genialer Künstler, Philosoph und Erfinder, nein, darüber hinaus war der olle Leonardo ein begnadeter Selbstbeobachter. Ihm verdanken wir folgende Erkenntnis:

„‚Della verga' – Vom männlichen Glied. Dieses hängt mit dem menschlichen Verstand zusammen und hat manchmal einen eigenen Verstand. Manchmal zeigt es sich widerspenstig und handelt nach seinem Sinn, obwohl der Wille des Menschen es zu erregen trachtet, und manchmal regt es sich von selbst, ohne die Erlaubnis oder den Gedanken des schlafenden oder wachen Menschen, und tut, was es will. Oft schläft der Mensch, doch es ist wach, und oft ist der Mensch wach, doch es schläft. Manchmal möchte der Mensch es gebrauchen, aber es hat keine Lust, und manchmal hat es Lust, aber der Mensch verbietet es. Es hat also den Anschein, als habe dieses lebendige Ding ein eigenes Empfinden und einen vom Menschen unabhängigen Verstand, und es scheint, dass der Mensch sich mit Unrecht schämt, es bei seinem Namen zu nennen, geschweige denn zu zeigen. Im Gegenteil, er bedeckt und verbirgt es immer, obwohl er es eigentlich schmücken und feierlich vorweisen sollte, wie einen Gehilfen."

Daran hat sich bis heute nichts verändert. Noch immer ist der Mann seinem Gehilfen hilflos ausgeliefert – eine Erfahrung, die besonders unter Ihren Altersgenossen eine neue Qualität erreicht, d. h. der

Gehilfe pocht so stark wie nie auf die Unabhängigkeitserklärung. Vor allem dann, wenn die eheliche Pflicht zu nahen droht. Verstehen Sie nun, meine Dame, warum Ihr Gatte notwendigerweise neuer Reize bedarf? Nicht der Mann ist es, der gierig nach anderen Weibern schielt, sondern sein falscher Freund und Helfer.

Um den Schürzenjäger im wahrsten Sinne des Wortes bei der Stange zu halten, schon darum, um anderen Frauen die paar Zentimeter Peinlichkeit zu ersparen, müssen Sie zu anderen als den üblichen Verführungskünsten greifen. Im Klartext heißt das: Sie müssen den Gehilfen besprechen, ihn mit Olivenöl betupfen oder mit Eiswürfeln erschrecken. Vermeiden Sie Drohungen! Das geht meistens in die Hose. Und nicht umgekehrt.

Merke: *Sie sind nicht allein mit Ihrem Mann, sondern auch mit seinem Gehilfen verheiratet. Beide gilt es, nicht über zu strapazieren. Akzeptieren Sie, dass nicht Ihr Mann dem Rüssel, sondern umgekehrt, der Rüssel Ihrem Mann befiehlt. Wenden Sie sich also direkt an den Chef. Vermeiden Sie Umwege – das kostet Zeit und Vergnügen!*

Karriere, Kinder, Kummerspeck –
Die Leiden des Weibes

Freiwillig besteigen die jungen Kerle auch nicht alles, denkt sich die Frau ab 40. Wenn das Mittelalter blüht, spielt sie mit dem Gedanken an eine Generalüberholung. Ein wenig Attraktivität ist angesagt: weibliche Erotik! Weg mit dem Speck, weg mit dem zu dicken Hintern! Auf, auf, zum Training!, heißt es. Und nicht vergessen: Die Ernährung umstellen! Die Schwangerschaft ist vorbei. Jetzt geht's noch mal richtig los! Frauen fragen sich merkwürdige Dinge: Worauf stehen denn die Männer? Oder: Wie kann ich die Blicke auf mich ziehen, so wie früher?

Eigentlich ist das alles ziemlich egal. Aber so denken Frauen. Das liegt daran, dass sich Frauen von Natur aus unnötige Gedanken machen und sich dadurch selbst zum Problem werden. Was tun die Frauen nicht alles, um schön zu sein! Ständig sind sie mit sich unzufrieden. Der Busen zu klein oder zu groß! Und die Frisur erst!

Nichts besitzt weniger Reiz und Verführungskraft als eine unzufriedene Frau. Wie können Sie als Mann, als einfacher unschuldiger Mann, der in eine solche (typisch weibliche) Sauerei mit reingezogen wird, helfen? Denken Sie daran: Es handelt sich um einen Hilfeschrei Ihrer Frau! Sagen Sie ihr, sie ist schön. Wenn Sie nicht lügen wollen, dann schenken Sie ihr Blumen und sagen ihr, dass sie etwas abgenommen hat. Sie wird es Ihnen danken. Ewig.

Merke: *Frauen sind verdammt eitel. Spielen Sie das Spiel mit!*

Fusel, Fluch(t) und Fußball –
Die Leiden des Dreibeiners

Wenn die ehemals stolze Manneskraft sich langsam aber sicher verabschiedet und selbst die größte Liebesmüh' vergeblich scheint, gibt es für den reiferen Herrn nur eines: Ablenken, raus!

Zwei Möglichkeiten sind es, deren Männer sich bedienen: Alkohol (Bahnhofskneipe) oder Stadion (Fußball). Am besten beides. Der Alkohol dient der Berauschung.

Warum aber, werden Sie sich fragen, geht mein Mann so gerne ins Stadion? Nun, warum nicht?

„Zuerst der Sport und dann die Liebe", sagte schon Karl Valentin. Und das hat seinen guten Grund: Dort werden ihm für wenig Geld Orgien und Pornographie geboten. Dinge also, die im Schlafzimmer häufig tabu sind.

Wo sonst kann „in den Strafraum eingedrungen", können Männer „von hinten gedeckt" oder ein „Ding reingemacht" werden?

Der Schiedsrichter zum Beispiel, der schwarz gekleidete Sadomasochist, sucht die Befriedigung im Abstrafen der Spieler und des Publikums, was mit der wollüstigen Hingabe der Beschimpfung, die der Referee dafür erntet, verbunden ist. Seine Assistenten unterbrechen den Akt durch Abwinken mit der Fahne, der Tor(ver)hüter durch das Halten des Balles, sofern er die Länge hat. Hier ist Männersex noch hart und ungezügelt: „Fummel nicht so lange rum, sondern mach ihn rein", schreit Ihr Mann im Stadion. Soll er doch. Denn wie beim Sex, gibt's auch beim Fußball in der Regel einen Verlierer.

Wenn Ihr Mann also nach einem verlorenen Spiel nach Hause kommt, flüstern Sie ihm einfach zärtlich ins Ohr: „Lass mich dein Tor sein!" Legen Sie vorher eine Platte mit Fangesängen auf und überziehen Sie die Bettwäsche mit den Farben des Lieblingsvereines Ihres Mannes. Aber sorgen Sie für ein Unentschieden!

Merke: *„Fußball mag ein durchaus passendes Spiel für harte Mädels sein, als Spiel für feinsinnige Knaben ist er wohl kaum geeignet." (Oscar Wilde)*

Die Kreativität der 40-Jährigen

Mit 40 ist einem selten etwas peinlich. Der mittelarterliche Mensch zeigt sich ungeniert in Sex-Shops, treibt sich auf Stadtfesten herum, redet wirres Zeug oder liest esoterische Bücher über das sexuelle Heil, Tantra oder Kopforgasmen. Innerlichkeit ist angesagt. Aber auch abenteurliche Ferkeleien glaubt man sich leisten zu dürfen. Und zwar handfeste. Begattet der durchschnittliche Mann seine Frau ca. einmal in der Woche, treibt es den Menschen ab 40 dagegen ab und an zu wahren Höchstleistungen. Zumindest behauptet er das (der alte Angeber!). Darum sind Männergespräche im Grunde nicht sexistisch. Eher könnte man von einem besonderen Verhältnis zur Frau sprechen, das Männer ab 40 befällt.

Der Eine: Heute schon Sex gehabt?

Der Andere: Ja, ist denn heut' schon Weihnachten?

Der Eine: Also mindestens dreimal am Tag muss es schon sein. Sonst fang ich den Tag doch gar nicht erst an.

Der Andere: Morgens?

Der Eine: Aber sicher ...

Der Andere: Mit der eigenen Frau?

Der Eine: Unter der Woche – ja!

Der Andere: Ist das nicht ein bisschen viel?

Der Eine: Wieso?

Der Andere: Ich könnte bei meiner Alten jeden Tag gar nicht. Ne, geh mir weg!

Der Eine: Ich simuliere ja nur.

Der Andere: Echt?

Der Eine:	Echt. Richtig gut bin ich bei der Frieda. Wow, die Frieda! Ich darf gar nicht dran denken.
Der Andere:	Woher kennste denn die?
Der Eine:	Das ist die Tochter vom Nachbarn.
Der Andere:	Echt? Das ist ja der Hammer!
Der Eine:	Genau! Und abends geh ich dann zur Andrea, das kleine Ferkel.
Der Andere:	Woher kennste denn die?
Der Eine:	Wen?
Der Andere:	Die Andrea.
Der Eine:	Andrea?
Der Andere:	Das Ferkel!
Der Eine:	Ach, die Andrea. Die kenn ich von der Frieda. Das ist eine Freundin von der Frieda.
Der Andere:	Ja, weiß denn das die Frieda?
Der Eine:	Was?
Der Andere:	Na, dass du mit der Andrea.
Der Eine:	Mir doch egal.
Der Andere:	Und deine Frau? Was sagt denn deine Frau zur Andrea?
Der Eine:	Die weiß doch nicht mal von der Frieda!

Solche Gespräche in der Bahnhofskneipe sind unter einfach strukturierten Mannsbildern freilich keine Seltenheit. Frauen treiben sich gar nicht erst in Bahnhofskneipen herum.

Der kreativere Teil der Menschen ab 40 nutzt die Möglichkeiten von Sex-Toys und Swingerclubs, um ihrem langweiligen Sexualleben zu entkommen. Dabei sind der Fantasie keine Grenzen gesetzt, was allerdings oft in Stress ausarten kann. Locker bleiben! Machen Sie sich's

doch einfacher! Auch ein gutes Mahl freut den Gemahl und stimuliert gleichfalls das Genital. Kurz: Haben Sie sich einfach zum Fressen gern! Laden Sie Ihren Partner doch mal wieder zum Schlemmen ein. Oder nehmen Sie die Gestaltung des Drei-Gänge-Menüs gleich selbst in die Hand. Hier ein Servier-Vorschlag:

1. Aperitiv und Vorspeise

Als Aperitiv kommt, wie der Name schon vermuten lässt, nur etwas Französisches in Frage. Ein Gaumenschmauß für alle Beteiligten. Macht Lust auf mehr. Wenn Sie nun richtig Appetit bekommen haben, wird es Zeit für die Vorspeise. Dafür eignet sich am besten etwas Spanisches. Denken Sie nur an die herrliche Aussicht auf die Berge, die Flüsse, die sich wie Schlangen durchs Tal schlengeln ...

2. Der Hauptgang

Bei der Hauptspeise, ist Abwechslung gefragt. Ein bunter Mix, von jedem etwas. Machen Sie eine kleine Weltreise durch die kulinarischen Verführungshappen, um hier und dort einmal zu verharren. Aber nicht zu viel des Guten: Schweres Essen macht träge und faul. Gönnen Sie sich zwischendurch eine kleine Pause und rauchen Sie erst einmal eine entspannende Zigarette, bis das Dessert serviert wird.

3. Der Nachtisch

Nach Frankreich und Spanien führt uns die Reise zum Ursprung der eurpäischen Kultur: nach Griechenland nämlich, der Heimat des

Eros und der Aphrodite. Die ollen Griechen hatten in Sachen Nachtisch schon immer ihre eigene Philsosophie. Ihre Desserts sind daher gewöhnungsbedürftig und nicht jedermanns/fraus Sache, denken Sie an die dionysischen Orgien! Aber wer einmal auf den Geschmack gekommen ist, fühlt sich rundum wohl. Popo sei Dank.

Merke: *Was zählt ist das Experiment. Handschellen und Knebel können oft Wunder bewirken und therapeutische Funktionen übernehmen. Ein gutes Mahl kann aber ebenso beglücken.*

Ausreden für Leute ab 40

Sie haben Bock auf Sex, aber nicht mit Ihrem angetrauten Partner? Dann müssen Sie sich was einfallen lassen. Folgende Ausreden wurden über Jahrhunderte hinweg erfolgreich getestet:

a) Ausreden von Frauen:
– Die Kinder könnten uns hören!
– Ist dein Wagen in der Werkstatt?
– Mir geht's nicht gut, ich habe Migräne.
– Ich muss früh raus.
– Ich hab die Pille vergessen.
– Ich hab meine Tage.
– Ist doch noch gar nicht Samstag.
– Ich bin zu alt für solche Späßchen
– Nur mit Vorspiel!

b) Ausreden für Männer
– Wir haben doch erst letzte Woche.
– War ein harter Tag, dass muss jetzt nicht auch noch sein.
– Nach dem Spiel, Schatz.
– Ich muss noch mal weg.
– Warum?
– Ich würde lieber kuscheln.
– Du willst immer nur das eine.

Merke: *Mit dem richtigen Spruch auf den Lippen, lässt sich das Liebesleben kippen.*

Wie Andy Warhol beinahe seinen 40. Geburtstag verpasste

Erinnern Sie sich an Andy Warhol? Denken Sie mal scharf nach: Wie war das damals in den frühen 70ern, als Sie noch stoned den Klängen von Led Zeppelin und Velvet Underground lauschten, statt wie heute bei Bier und Pizza vor dem Musikantenstadl einzunicken?

Andy Warhol, das war der Typ mit der Perücke, der Suppendosen und die Marilyn Monroe unzählige Male reproduzierte.

Nun, was zu Ihrer Jugendzeit neben Warhol's Pop-art gleichfalls groß angesagt war, schimpfte sich Feminismus. Warum aber planten die Frauen den Aufstand?

Und warum schoss 1968 – einen Monat vor seinem 40. Geburtstag – die Gründerin der „Gesellschaft zur Vernichtung der Männer", Valerie Solanas, ausgerechnet auf Andy Warhol? Denken Sie darüber einmal nach ...

Merke: *Durchsuchen Sie die Schränke Ihrer Frau regelmäßig nach Schusswaffen. Zwar überlebte Andy Warhol das Attentat – aber auch Frauen lernen bekanntlich dazu. Und Sie haben die 40 bereits überschritten!*

53

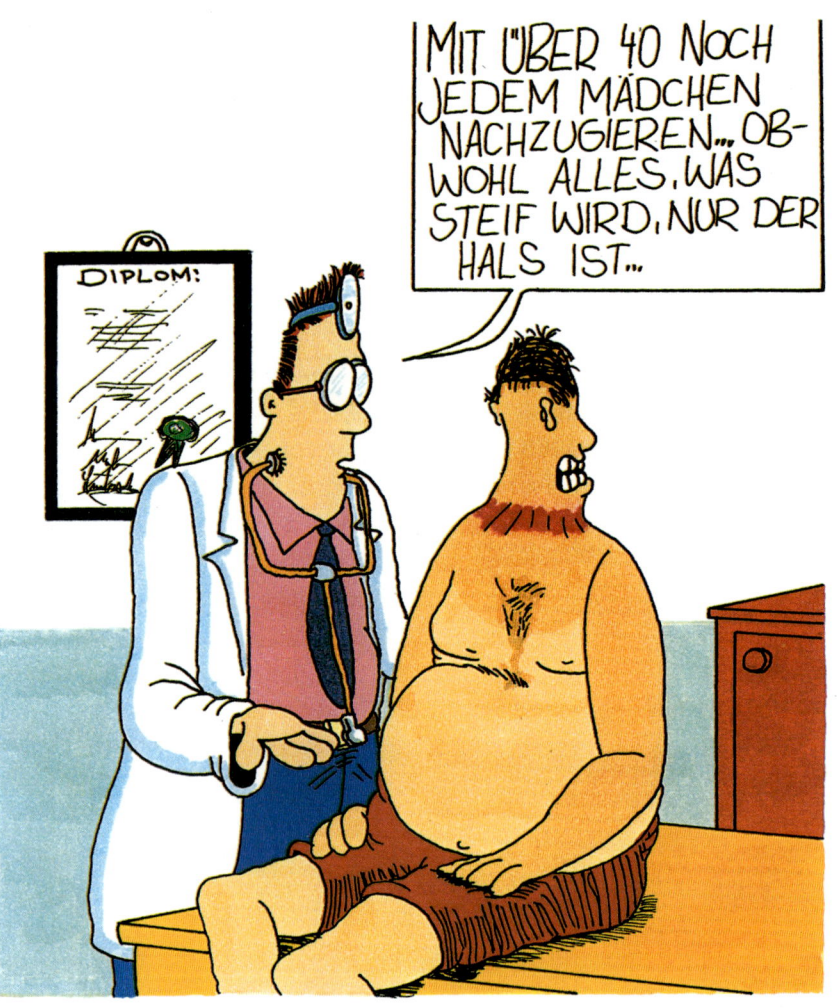

Frühstücksgespräche oder „Das Schweigen der Lämmer"

Mit 40 sollte mensch eigentlich glücklich sein. Und viele Eltern um die 40 ahnen bereits, was Glück bedeuten könnte. Wurden die Kinder bereits in frühen Jahren genudelt (so zwischen 17 und 21), verlassen diese bald das Haus, ziehen alleine in die weite Welt.

Mit spätesten 48 oder 49, glauben viele, hat die Qual, die Verantwortung, endlich ein Ende. Und außerdem: Ist es nicht schön und macht es nicht viel Spaß – sofern sie nicht studieren und ihre Eltern weiterhin zur Kasse bitten –, die Kinder langsam aus dem Haus zu ekeln? Endlich raus mit den Schmarotzern, endlich keine Nörgeleien vom Nachwuchs mehr ertragen! Endlich wieder einen Zustand herstellen, der an die verliebten Jahre vor dem ersten Kind erinnert.

Zweisamkeit, so möchte man vermuten, kehrt wieder in den ehelichen Alltag – denkste! Kaum sind die Kinder weg, wird's öde. Die mühevolle Erziehung, die quälende Verantwortung haben tiefe, nicht mehr zu heilende Wunden, Spuren, ja Bremsspuren hinterlassen. Sollten Sie diese Erfahrung noch nicht gemacht haben, bereiten Sie sich darauf vor! Besuchen Sie Selbsthilfegruppen. Wenn Sie das nicht tun, drohen Scheidung, Kastration und ewiges Chaos. Testen Sie sich! Stellen Sie sich folgende Fragen:

a) Rede ich noch mit meinem Mann/mit meiner Frau?
b) Habe ich noch Sex mit meinem Mann/mit meiner Frau?

Wenn Sie eine der beiden Fragen mit „nein" beantwortet haben, fragen Sie sich, mit wem Sie tun, was Sie mit Ihrem Mann/Ihrer Frau nicht tun. Aber behalten Sie die Antwort für sich! Oder wollen Sie Stress mit Ihrem Lebensgefährten? Freilich lässt sich die Wahrheit nicht immer unterdrücken. Manchmal will man seit Jahren etwas loswerden, nimmt aber Rücksicht auf die scheinbar nicht vorhandenen Gefühle des Partners.

Wie der Sex wird auch das Gespräch von Ehefrau zu Ehemann bzw. der Dialog zwischen Gatte und Gattin seltener. Mitunter kann sich ein Disput auf die Wahl des Fernsehprogramms beschränken. Das folgende Beispiel, abgelauscht beim Frühstück in einem durchschnittlichen Haushalt (er: 43 Jahre, sie: 41 Jahre), zeigt, wie Sie es nicht machen sollten.

Sie: Gut geschlafen?

Er: Ja, ja ... (Schlägt die Zeitung auf, liest zwei bis drei Minuten)

Sie: Und wie ich geschlafen habe, das interessiert dich wohl gar nicht, oder?

Er: Wieso, hast du schlecht geschlafen? (Guckt weiter in die Zeitung)

Sie: Ach, jetzt interessiert sich der Herr auf einmal.

Er: Ich frag ja nur.

Sie: Na, willst du jetzt wissen, wie ich geschlafen habe, oder ist dir das egal?

Er: Ja, wie hast du denn geschlafen, Schatz?

Sie: Sag nicht Schatz zu mir!

Er: Warum nicht, hast du schlecht geschlafen?
      (Nimmt die Zeitung runter)

Sie: Du merkst auch alles!

Er: Warum hast du denn schlecht geschlafen?

Sie: Das hast du mich doch schon gefragt.

Er: Und?

Sie: Was und?

Er: Ja, wieso hast du denn schlecht geschlafen, verdammt noch mal!

Sie: Schrei mich beim Frühstück nicht an! Ich habe kaum geschlafen!

Er: WAAAARRRUUUUUUUUMMMM NICHT?

Sie: Weil du ein Schnarchsack bist. Ich halte dein Gesäge nicht länger
      aus! Wir müssen was dagegen tun. Und hör jetzt auf zu schreien,
      sonst gibt's nix zu essen heute Abend. Hast du mich verstanden?

Er: Reg dich nicht auf! (Guckt wieder in die Zeitung)

Sie: Tu ich doch gar nicht.

Er: Früher hat es dich auch nicht gestört, wenn ich mal geschnarcht habe.

Sie: Mal ist gut.

Er: Männer schnarchen nun mal, das ist halt so. (Guckt über die Zeitung)

Sie: Das hat Herr Neumayer zu seiner Frau auch gesagt.

Er: Und?

Sie: Die hat ihm das nicht geglaubt.

Er: Und?

Sie: Dann hat sie ihren Arzt gefragt, ob es etwas gegen das Schnarchen gibt.

Er: Und, gibt es etwas gegen das Schnarchen? (Tut so, als würde er lesen)

Sie: Sex! Nach dem Sex sollen Männer nicht mehr schnarchen, hat ihr der Doktor gesagt.

ACHTUNG·SEX MIT 40·JÄHRIGEN MÄNNERN KANN IHRE GESUNDHEIT GEFÄHRDEN.

Er: Soll das heißen, wir haben zu wenig Sex? Was ist denn mit Herrn Neumayer und seiner Schnarcherei. Ist das jetzt besser geworden? (Schielt über den Zeitungsrand)

Sie: Herr Neumayer schnarcht noch immer.

Er: Haha, kein Wunder bei der Alten!
       (Zerknüllt die Zeitung – ausversehen)

Sie: Werd nicht unverschämt, an ihr liegt´s doch gar nicht!

Er: Ach, nein? Haha ...

Sie: Herr Neumayer ist halt auch nicht mehr der Jüngste.

Er: Wieso, der ist doch auch erst um die 40, wie ich!

Sie: Eben ...

Merke: *Lassen Sie den Nachbarn aus dem Spiel! Zweifel an der Eichel sind kein Grund für morgendliche Debatten über Fremdkörper.*

Urlaub oder Erotik-Trips mit 40

„Also, wir verbringen unseren Urlaub nur noch getrennt von einander. Seitdem klappt´s auch wieder im Bett ...!" Diese Aussage kann, je nachdem, wer sie zu Gehör bekommt, unterschiedliche Folgen haben. Doch dazu später mehr.

Die Zeiten, in denen Mann und Frau sich noch gemeinsam durch den Dschungel der Liebe kämpften, sind nun endgültig vorbei. Während es das Weibchen meistens in die bzw. der Südsee treibt, bevorzugt der weltoffene Kerl von heute eher östlichere Gefilde, um sich durch den dichten Urwald der Wollust zu schlagen und das feuchtheiße Klima zu spüren.

Sie gehören vielleicht zu jenen oder solchen, die es wissen, oder nicht. Jedenfalls gibt es einige Verhaltensregeln, die Sie unbedingt befolgen sollten, um Ihnen und Ihrem Partner unnötige Diskussionen zu ersparen.

1. Um alleine in den Urlaub zu fliegen, müssen sie eine gut vorbereitete Begründung austüfteln. Sonst nimmt Ihnen Ihr Partner die Story nicht ab. Dabei sind der Fantasie keine Grenzen gesetzt. Erzählen Sie von Ihrer Selbstfindung, die Sie nur erfahren, wenn Sie mit sich selbst ins Reine kommen. Urlaub zu zweit wäre da hinderlich. Oder erzählen Sie etwas anderes.

2. Wählen Sie einen Urlaubstermin außerhalb der Schulferien. Dann muss einer auf die Kinder aufpassen und billiger ist es zumal auch, sodass mehr Taschengeld für die örtlichen Aktivitäten übrigbleibt. Gönnen Sie sich was.

3. Vorsicht Infektionsgefahr! Machen Sie es nicht zu oft (d. h. machen Sie nicht zu oft Urlaub, Sie Ferkel!), der Partner könnte auf die gleiche Idee kommen und man würde sich nur noch in den Schulferien sehen, inklusive Kinder

4. Passen Sie auf, dass Sie bei Ihren Aktivitäten nicht von irgendjemanden fotografiert werden. Erpressung ist generell unangenehm.

5. Legen Sie sich ein Pseudonym zu. Penelope klingt schöner als Sabine, Jean-Luc einen Hauch erotischer als Peter.

6. Geben Sie niemals dem Stecher bzw. der Zofe Ihre private Adresse. Die Zimmernummer im Hotel muss genügen. Außerdem wohnen Sie in Irland und mehrere Monate in Schweden, schon vergessen? Seien Sie grundsätzlich nach dem Urlaub nicht oder nur schwer erreichbar.

Merke: *Gut vorbereitet, kann der Urlaub schön werden. Muss aber nicht.*

Schluss mit lustig? Manifest 40-jähriger Singles

Ein Zombie geht durch Europa. Sein Name: Single.
Seine Formel: Single = Junggeselle.

Es wimmelt nur so von „Junggesellenmaschinen" (Duchamp) in den Straßen, beim Friseur, im Kino, in den Kneipen und Discotheken, an der Bushaltestelle, im Museum, beim Bäcker, im Supermarkt und Tennisclub, im Zoo oder auf Partys. An allen Ecken und Enden sind sie zu sehen: graue Gestalten voller Sehnsucht und Geilheit, reich, einfach strukturiert und edel gekleidet, wenn auch nicht immer schön.

Ihr Ziel: die Ehe. Die Ehe definierte der große Philosoph Imanuel Kant folgendermaßen: „Verbindung zweier Personen verschiedenen Geschlechts zum lebenswierigen wechselseitigen Besitz ihrer Geschlechtseingeschaften."

Sie erkennen einen Single daran, dass er a) dergleichen nicht besitzt und b) darum meist in gleichgeschlechtlichen Gruppen verkehrt.

Vorsicht ist also angesagt: In einer Gruppe von Männern beispielsweise, sagen wir in einem Haufen von drei bis vier quasiattraktiven Mannsbildern, befinden sich im Durchschnitt – sehen wir von den Junggesellen-Statistiken ländlicher Gebiete einmal ab – nur zwei Singles (wenn's hoch kommt!).

Schnell macht frau den falschen an. Ein Griff ins Leere aber erhöht den Frust! Darum wimmelt es nur so von frustrierten weiblichen Singles auf den Kegelbahnen, in den Flugzeugen und den großen Waschsalons (besonders auf den Waschmaschinen im Schleudergang – *satisfaction en masse*), auf teuren Damen-Fahrrädern (ohne Sattel) oder in den Sonnenstudios.

Den Kerlen freilich, geht es auch nicht besser. Immer sind die edlen Frauen bereits vergeben – oder lesbisch. Ergebnis: Frust! Darum wimmelt es nur so von frustrierten männlichen Singles an den Stränden, in den sauberen Autos, auf den Hochhausdächern, in den Baumärkten, in den Spielhallen oder in den Wäldern. Überall lauern Singles! Überall warten Singles darauf, dass ein gegengeschlechtlicher Single kommt und sagt: „He, ich bin auch ein Single und ich glaube, dass ich mich in dich verliebt, ja wirklich verliebt habe – lass uns zusammenziehen und glücklich sein!"

Aber Singles erkennen einander nicht. Warum nicht? Handelt es sich um eine List der Natur? Sind's die Gene? Wer oder was ist schuld? Antwort: des Singles Visage.

Im Klartext: alle Singles gucken gleich. Machen Sie den Test (vorausgesetzt Sie sind ein Single): Vergleichen Sie ein Foto aus besseren, weil zweisamen Tagen, mit Ihrem morgendlichen Spiegelbild. Und? Haben Sie den feinen Unterschied entdeckt?

Richtig! Was Ihnen im Badezimmerspiegel begegnet, das ist das Singlegesicht! Sie konnten es nicht kennen, weil Sie es bisher immer übersehen haben. Und wenn Sie sich selbst übersehen, wie wollen Sie dann Leute sehen, die genauso aussehen wie Sie selbst? Darum erkennen Singles einander nicht.

Jetzt wollen Sie wissen, was Sie dagegen tun können, oder? Ganz einfach: Ziehen Sie sich, wenn Sie am Wochenende ausgehen, grundsätzlich grün an. Grün von Kopf bis Fuß! Rauchende Singles greifen zu selbstgedrehten Zigaretten. Nichtraucher-Singles, die bestrebt sind, sich gleichfalls einen Nichtraucher-Single zu angeln,

greifen zu Zahnstochern. Wenn Sie am Tresen stehen: immer die Beine überkreuzen. Wenn Sie sitzen: Beine übereinander. Hände nicht überkreuz, sondern offen auf den Tisch oder einfach baumeln lassen. Lächeln sie freundlich, etwa so, wie die Mona Lisa es tut (ja, die war verheiratet!). Stecken Sie sich eine Blume ins Haar und breiten Sie Kondome aus: auf Ihrem Schoß, auf dem Tisch usw. Sie haben nichts zu verlieren, außer Ihre Langeweile! Sie haben eine Liebe zu gewinnen!

Frauen und Männer ab 40, vernascht euch!

Merke: *Singles haben es schwer. Sie sind einsam und launisch. Und asozial. Was in langer Einsamkeit zur Gewohnheit wurde, lässt sich nur schwer wieder abtrainieren.*

Sie wissen jetzt, wie und woran Sie einen anderen Single erkennen. Nutzen Sie Ihr Wissen. Machen Sie den ersten Schritt. Nur wer wagt, der gewinnt! Hinter vielen Quallen verbirgt sich ein vierzigjähriger Brad Pitt, hinter vielen Omas verbirgt sich eine vierzigjährige Pamela Anderson. Machen Sie von Ihrer Fantasie Gebrauch!